Impressum
Verlag: BABADADA GmbH, Nedderfeld 112 , 22529 Hamburg
Geschäftsführer / Verlagsleitung: Harald Hof
Druck: Books on Demand GmbH, In de Tarpen 42, 22848 Norderstedt

Imprint
Publisher: BABADADA GmbH, Nedderfeld 112 , 22529 Hamburg, Germany
Managing Director / Publishing direction: Harald Hof
Print: Books on Demand GmbH, In de Tarpen 42, 22848 Norderstedt

sekolah
escuela

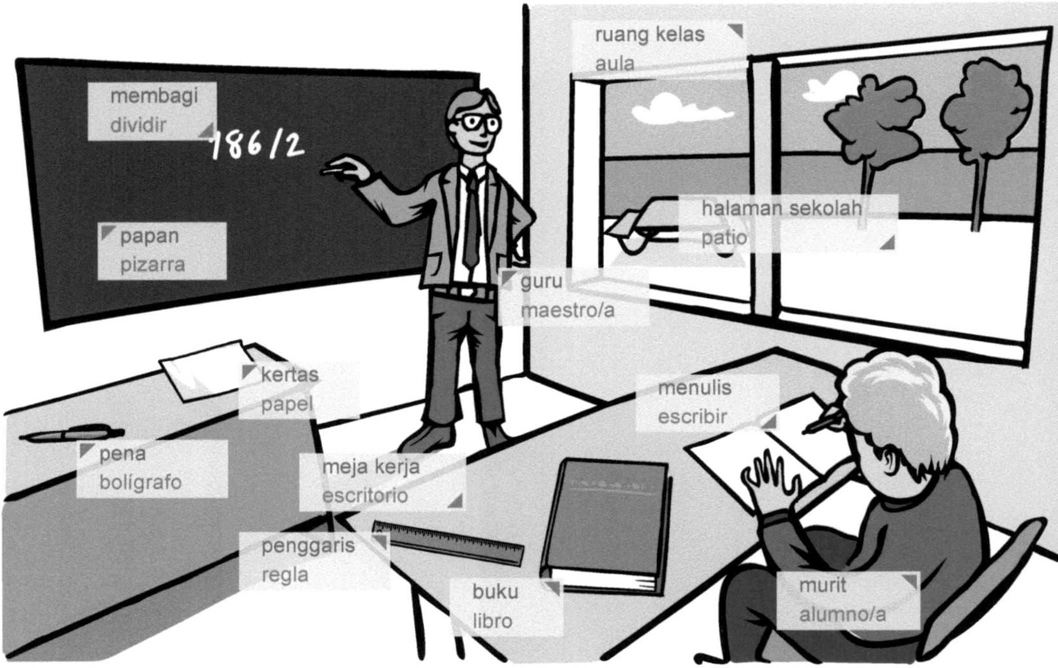
ruang kelas
aula
membagi
dividir
186/2
papan
pizarra
halaman sekolah
patio
guru
maestro/a
kertas
papel
menulis
escribir
pena
bolígrafo
meja kerja
escritorio
penggaris
regla
buku
libro
murit
alumno/a

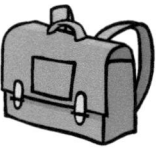

tas sekolah

cartera

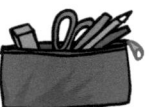

tempat pensil

caja de lápices

pensil

lápiz

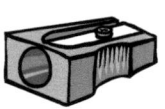

pengasah pensil

sacapuntas

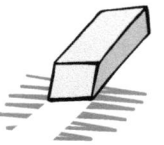

penghapus

goma de borrar

kertas gambar

cuaderno de dibujo

gambar

dibujo

kuas

pincel

kotak cat

caja de pinturas

gunting

tijeras

lem

pegamento

buku latihan

cuaderno de ejercicios

pekerjaan rumah

deberes

angka

número

tambhakan

sumar

mengurangi

restar

mengalikan

multiplicar

menghitung

calcular

huruf

letra

alfabet .

alfabeto

kata

palabra

teks

texto

membaca

leer

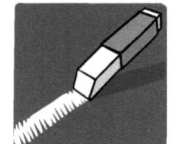

kapur

tiza

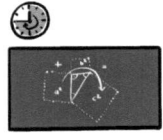

pelajaran

lección

daftar

cuaderno de notas

ujian

examen

sertifikat

certificado

seragam sekolah

uniforme escolar

pendidikan

educación

ensiklopedi

enciclopedia

universitas

universidad

mikroskop

microscopio

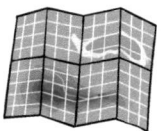

peta

mapa

tempat sampah

papelera

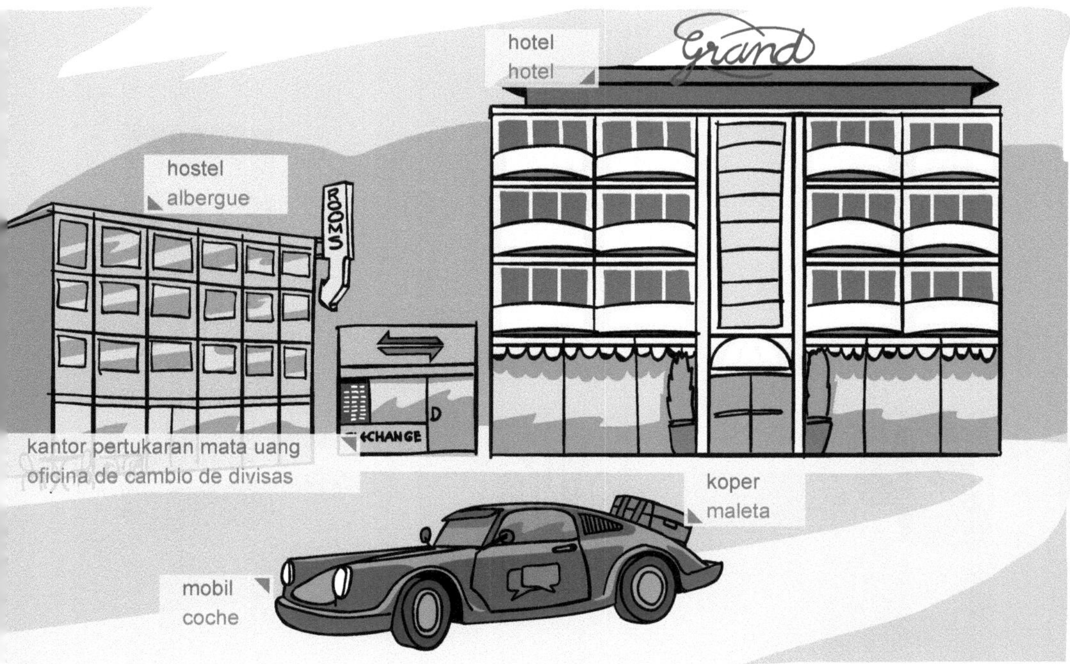
hotel
hotel
Grand
hostel
albergue
ROOMS
kantor pertukaran mata uang
oficina de cambio de divisas
EXCHANGE
koper
maleta
mobil
coche

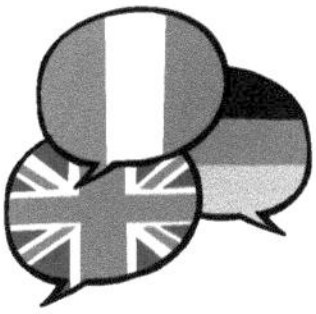

bahasa
idioma

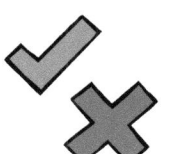

ya / tidak
sí / no

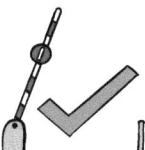

okay
Vale

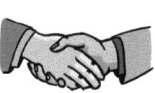

hallo
hola

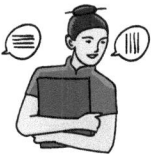

penerjemah
traductor

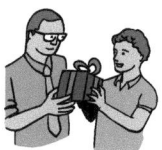

terima kasih
Gracias

Berapa harganya…?

¿cuánto es…?

saya tidak mengerti

No entiendo

masalah

problema

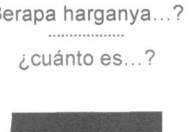

Selamat malam!

¡Buenas tardes!

Selamat siang!

¡Buenos días!

Selamat tidur!

¡Buenas noches!

sampai jumpa

adiós

arah

dirección

bagasi

equipaje

tas

bolsa

ransel

mochila

tamu

invitado

ruang

habitación

kantong tidur

saco de dormir

tenda

tienda de campaña

informasi wisata

información turística

pantai

playa

kartu kredit

tarjeta de crédito

sarapan

desayuno

makan siang

almuerzo

makan malam

cena

tiket

billete

elevator

ascensor

perangko

sello

perbatasan

frontera

cukai

aduana

kedutaan

embajada

visa

visa

paspor

pasaporte

transportasi
transporte

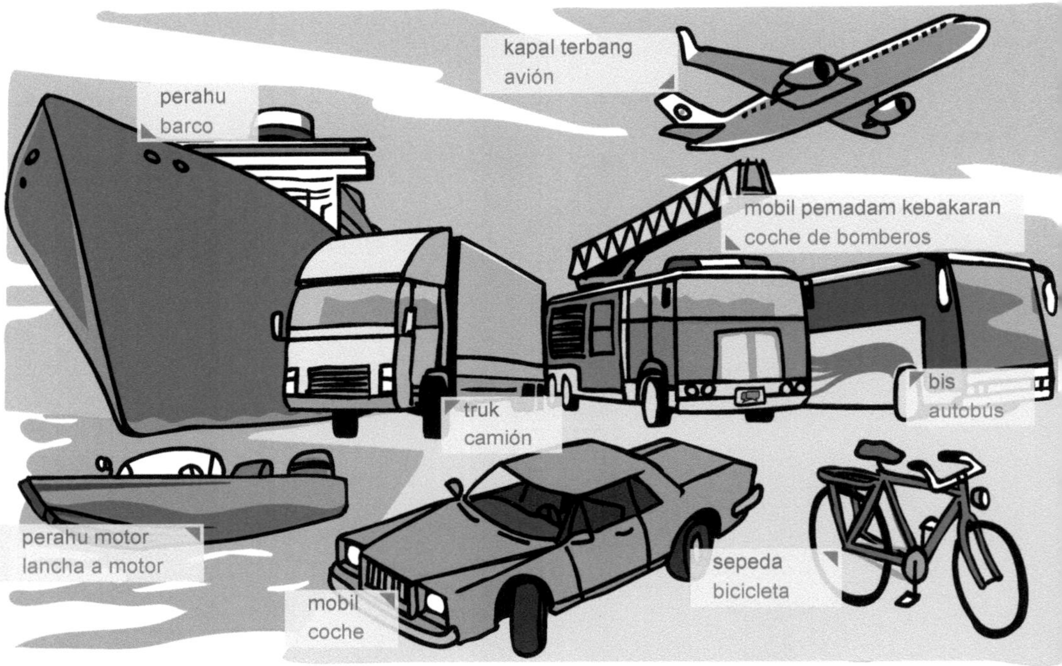
kapal terbang
avión
perahu
barco
mobil pemadam kebakaran
coche de bomberos
bis
autobús
truk
camión
perahu motor
lancha a motor
sepeda
bicicleta
mobil
coche

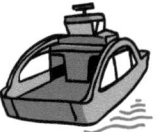

feri

transbordador

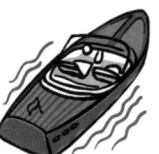

perahu

barca

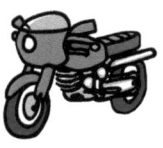

sepeda motor

moto

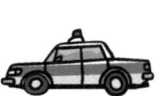

mobil polisi

coche de policía

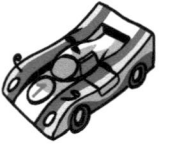

mobil balapan

coche de carreras

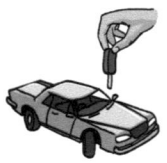

mobil sewa

coche de alquiler

berbagi mobil

préstamo de vehículos

truk derek

grúa

truk sampah

camión de la basura

motor

motor

bahan bakar

gasolina

bensin

gasolinera

tanda lalulintas

señal de tráfico

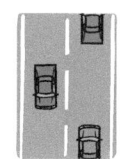

lalulintas

tráfico

macet

atasco

parkir mobil

aparcamiento

stasiun kereta

estación de tren

trek

vías

kereta api

tren

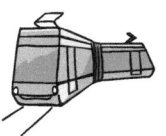

tram

tranvía

gerobak

vagón

helikopter

helicóptero

bendara

aeropuerto

menara

torre

penumpang

pasajero

container

contenedor

karton

caja de cartón

troli

carretilla

keranjang

cesta

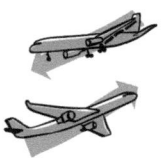

berangkat / mendarat

despegar / aterrizar

kota
ciudad

desa

pueblo

pusat kota

centro de ciudad

rumah

casa

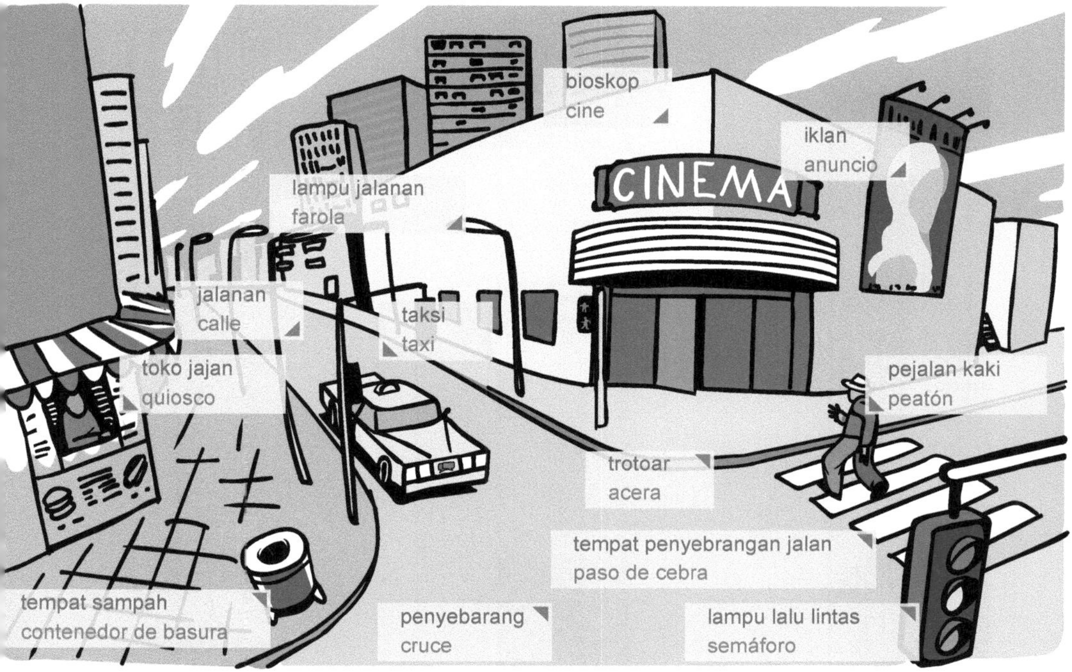

bioskop
cine

iklan
anuncio

lampu jalanan
farola

CINEMA

jalanan
calle

taksi
taxi

toko jajan
quiosco

pejalan kaki
peatón

trotoar
acera

tempat penyebrangan jalan
paso de cebra

tempat sampah
contenedor de basura

penyebarang
cruce

lampu lalu lintas
semáforo

gubuk

cabaña

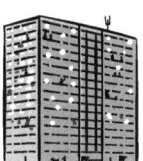

rumah flat

apartamento

stasiun kereta

estación de tren

balai kota

ayuntamiento

museum

museo

sekolah

escuela

universitas

universidad

bank

banco

rumah sakit

hospital

hotel

hotel

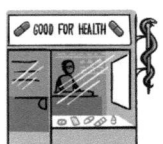

farmasi

farmacia

kantor

oficina

toko buku

librería

toko

tienda

toko bunga

floristería

supermarket

supermercado

pasar

mercado

toko serba ada

grandes almacenes

nelayan

pescadería

pusat belanja

centro comercial

pelabuhan

puerto

kota - ciudad

taman

parque

banku

banco

jembatan

puente

tangga

escaleras

kereta bawah tanah

metro

terowongan

túnel

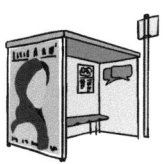

pemberhantian bis

parada de autobús

bar

bar

restauran

restaurante

kotak surat

buzón

tanda jalan

poste indicador

meteran parkir

parquímetro

kebun binatang

zoo

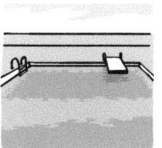

kolam renang

piscina

mesjid

mezquita

pertanian

granja

polusi

contaminación

kuburan

cementerio

gereja

iglesia

tempat bermain

patio de juego

pura

templo

pemandangan
paisaje

daun
hoja

penunjuk arah
señal

jalanan
camino

padang rumput
prado

batu
piedra

pejalak kaki
excursionista

pohon
árbol

sungai
río

rumput
hierba

bunga
flor

lembah

valle

bukit

colina

danau

lago

hutan

bosque

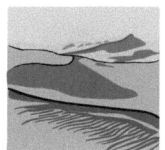

padang gurun

desierto

gunung berapi

volcán

istana

castillo

pelangi

arcoíris

jamur

champiñón

pohon palem

palmera

nyamuk

mosquito

lalat

mosca

semut

hormiga

lebah

abeja

laba-laba

araña

kumbang

escarabajo

kodok

rana

tupai

ardilla

landak

erizo

kelinci

liebre

burung hantu

lechuza

burung

pájaro

angsa

cisne

babi jantan

jabalí

rusa

ciervo

rusa

alce

bendungan

presa

turbin angin

turbina eólica

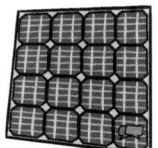

panel surya

panel solar

iklim

clima

restauran
restaurante

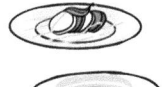

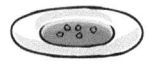

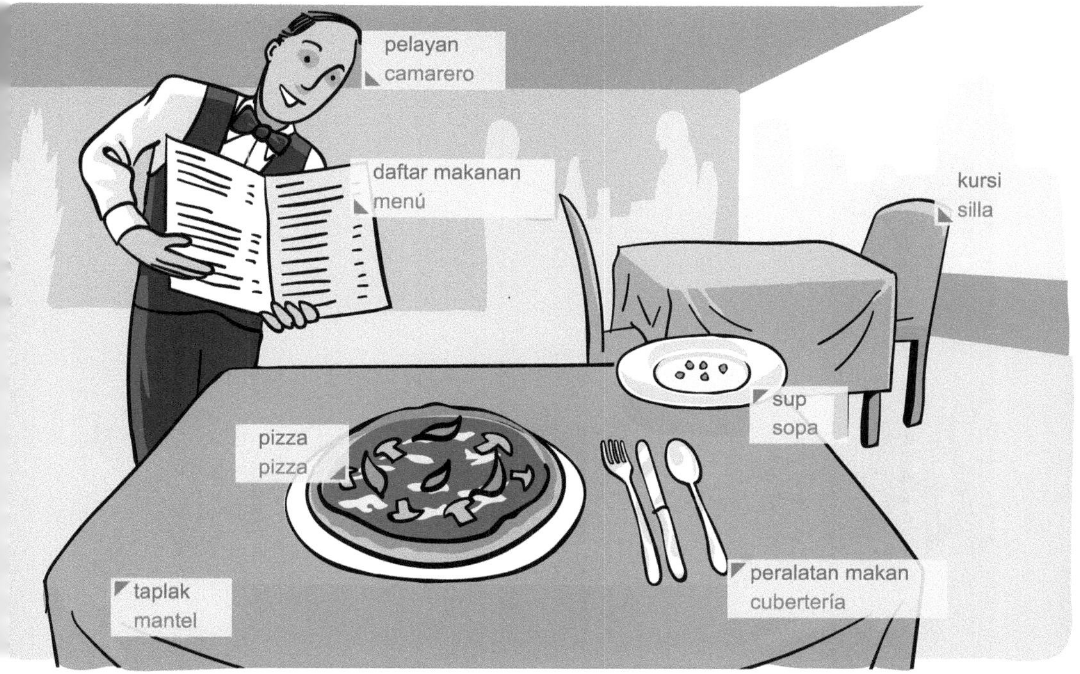
pelayan
camarero
daftar makanan
menú
kursi
silla
sup
sopa
pizza
pizza
taplak
mantel
peralatan makan
cubertería

hindangan pembuka
primer plato

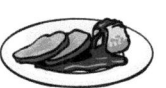

hidangan utama
plato principal

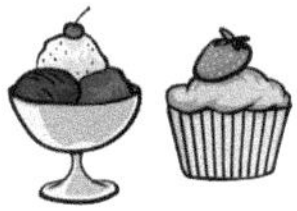

hidangan penutup
postre

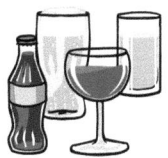

minuman
bebidas

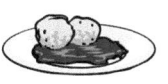

makanan
comida

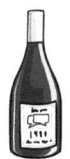

botol
botella

fastfood

comida rápida

masakan jalanan

comida callejera

teko teh

tetera

kaleng gula

azucarero

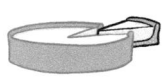

porsi

porción

mesin espresso

cafetera expreso

kursi tinggi

trona

tagihan

cuenta

baki

bandeja

pisau

cuchillo

garpu

tenedor

sendok

cuchara

sendok teh

cucharilla

serbet

servilleta

gelas

vaso

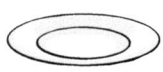

piring

plato

piring sup

plato hondo

lepek

platillo

saus

salsa

tempat garam

salero

gilingan merica

molinillo de pimienta

cuka

vinagre

minyak

aceite

bumbu

especias

saus tomat

ketchup

mustar

mostaza

mayones

mayonesa

supermarket

supermercado

penawaran khusus
oferta especial
FOR
klien
cliente
produk susu
lácteos
buah
fruta
troli
carro de la compra

BUTCHERS

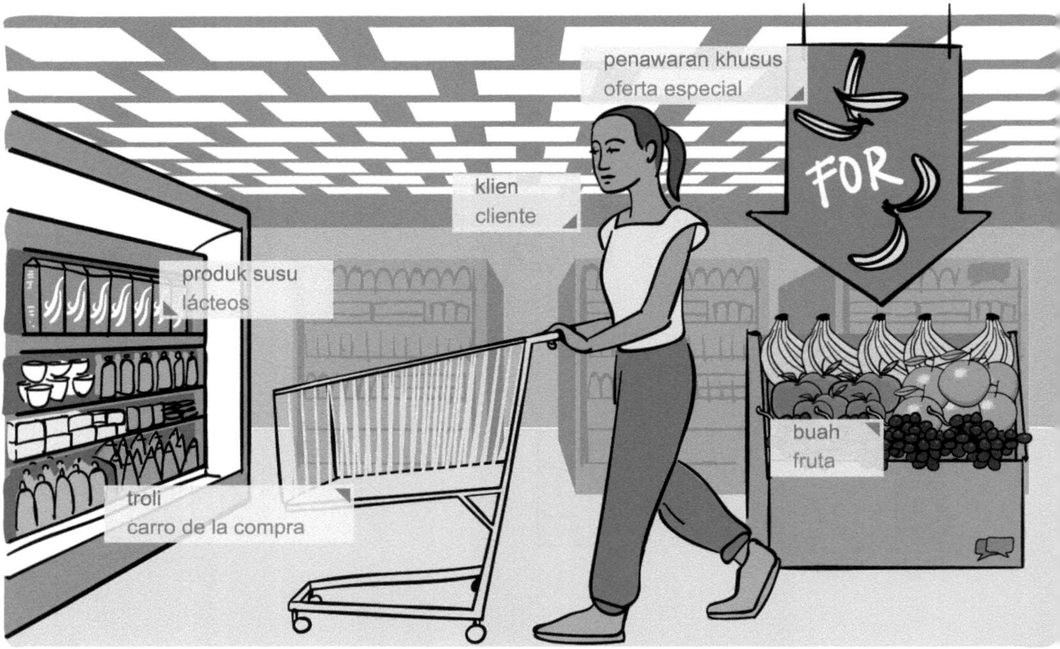

pembantai

carnicería

BAKERY

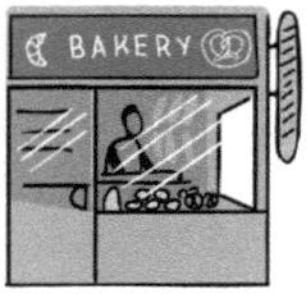

toko roti

panadería

menimbang

pesar

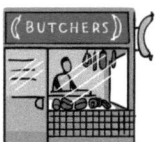

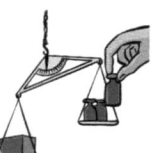

sayur

verduras

daging

carne

makanan beku

alimentos congelados

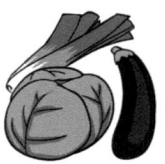

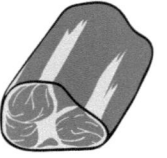

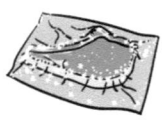

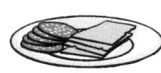

pemotongan dingin

fiambres

makanan kaleng

conservas

sabun serbuk

detergente en polvo

permen

dulces

alat-alat rumah tangga

productos de uso doméstico

obat pembersihan

productos de limpieza

penjual

vendedora

kasa

caja

kasir

cajero

daftar belanja

lista de la compra

jam buka

horario de atención al público

dompet

cartera

kartu kredit

tarjeta de crédito

tas

bolsa

kantong plastik

bolsa de plástico

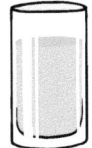

air
agua

jus
zumo

susu
leche

cola
cola

anggur
vino

bir
cerveza

alkohol
alcohol

coklat
cacao

teh
té

kopi
café

espresso
expreso

cappucino
capuchino

pisang

plátano

apel

manzana

jeruk

naranja

semangka

melón

jeruk lemon

limón

wortel

zanahoria

bawang putih

ajo

bambu

bambú

bawang bombai

cebolla

jamur

champiñón

kacang

avellanas

mi

fideos

spagetti

espagueti

nasi

arroz

salat

ensalada

kentang goreng

patatas fritas

kentang goreng

patatas fritas

pizza

pizza

hamburger

hamburguesa

sandwich

sándwich

sayatan

filete

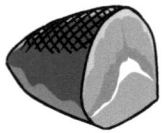

ham

jamón

salami

salami

sosis

salchicha

ayam

pollo

menggoreng

asado

ikan

pescado

bubur gandum
copos de avena

sereal
muesli

cornflakes
copos de maíz

tepung
harina

croissant
cruasán

roti
panecillo

roti
pan

toast
tostada

biskuit
galletas

mentega
mantequilla

dadih
cuajada

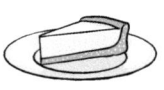

kue
pastel

telur
huevo

telur goreng
huevo frito

keju
queso

eskrim

helado

gula

azúcar

madu

miel

selai

mermelada

krim nugat

crema de turrón

kare

curry

pertanian
granja

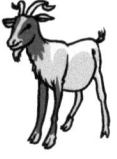

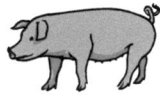

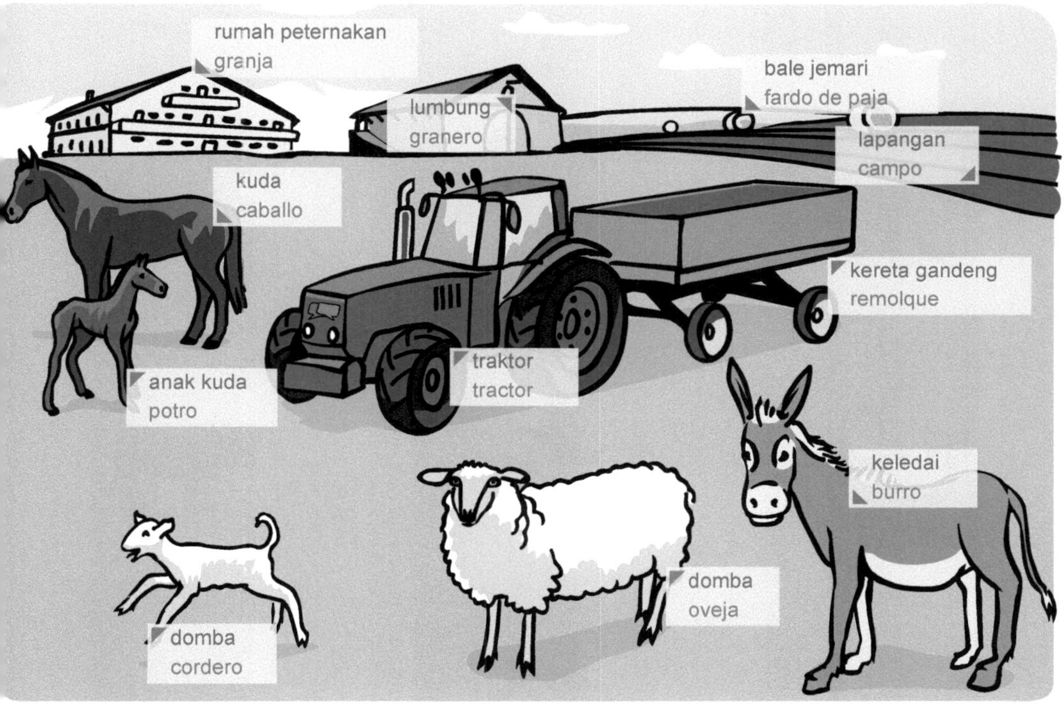
rumah peternakan
granja
lumbung
granero
bale jemari
fardo de paja
lapangan
campo
kuda
caballo
kereta gandeng
remolque
traktor
tractor
anak kuda
potro
keledai
burro
domba
oveja
domba
cordero

kambing

cabra

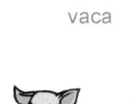

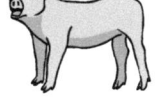

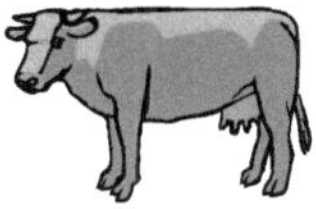
sapi

vaca

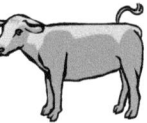

betis

ternero

babi

cerdo

celeng

cerdito

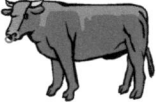

banteng

toro

angsa

ganso

bebek

pato

anak ayam

pollo

ayam

gallina

ayam jantan

gallo

tikus

rata

kucing

gato

tikus

ratón

lembu

buey

anjing

perro

rumah anjing

perrera

selang

manguera

penyiram

regadera

sabit

guadaña

bajak

arado

sabit

hoz

cangkul

azada

garpu rumput

horca

kapak

hacha

gerobak

carretilla

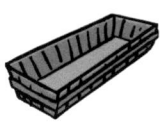

palung

abrevadero

kaleng susu

lechera

karung

saco

pagar

valla

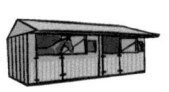

kandang

establo

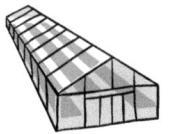

rumah kaca

invernadero

tanah

suelo

benih

semilla

pupuk

fertilizador

mesin pemanen

cosechadora

panen

cosechar

panen

cosecha

yams

ñame

gandum

trigo

kedelai

soja

kentang

patata

jagung

maíz

lobak

semilla de colza

pohon buah

árbol frutal

singkong

mandioca

sereal

cereales

rumah
casa

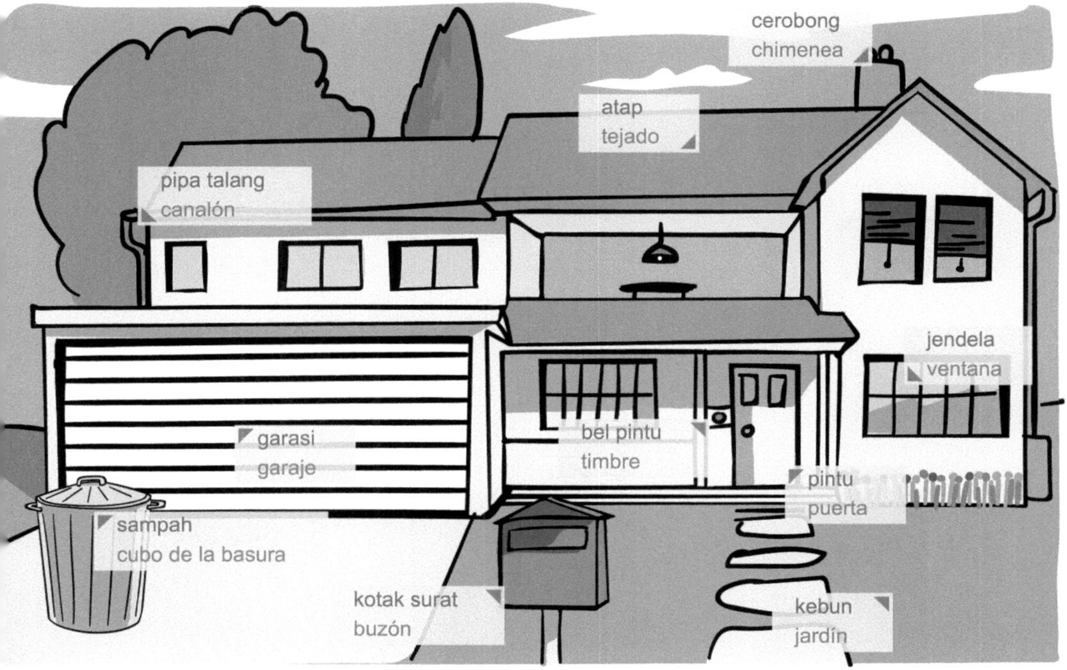
cerobong
chimenea
atap
tejado
pipa talang
canalón
jendela
ventana
garasi
garaje
bel pintu
timbre
pintu
puerta
sampah
cubo de la basura
kotak surat
buzón
kebun
jardín

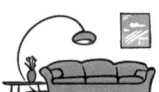

ruang tamu

sala

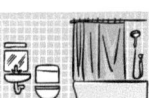

kamar mandi

cuarto de baño

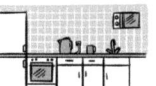

dapur

cocina

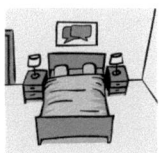

kamar tidur

dormitorio

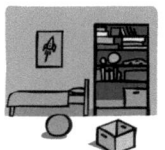

kamar anak

habitación de los niños

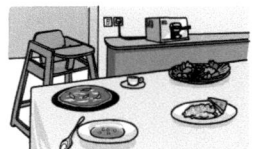

kamar makan

comedor

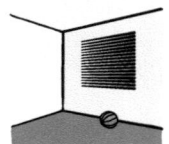

lantai

suelo

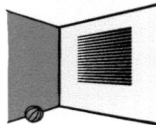

tembok

pared

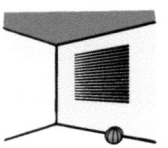

atap

techo

gudang di bawah tanah

sótano

sauna

sauna

balkon

balcón

teras

terraza

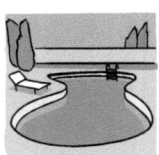

kolam renang

piscina

mesin pemotong rumput

cortacésped

sprei

sábana

selimut

colcha

tempat tidur

cama

sapu

escoba

ember

balde

tombol

interruptor

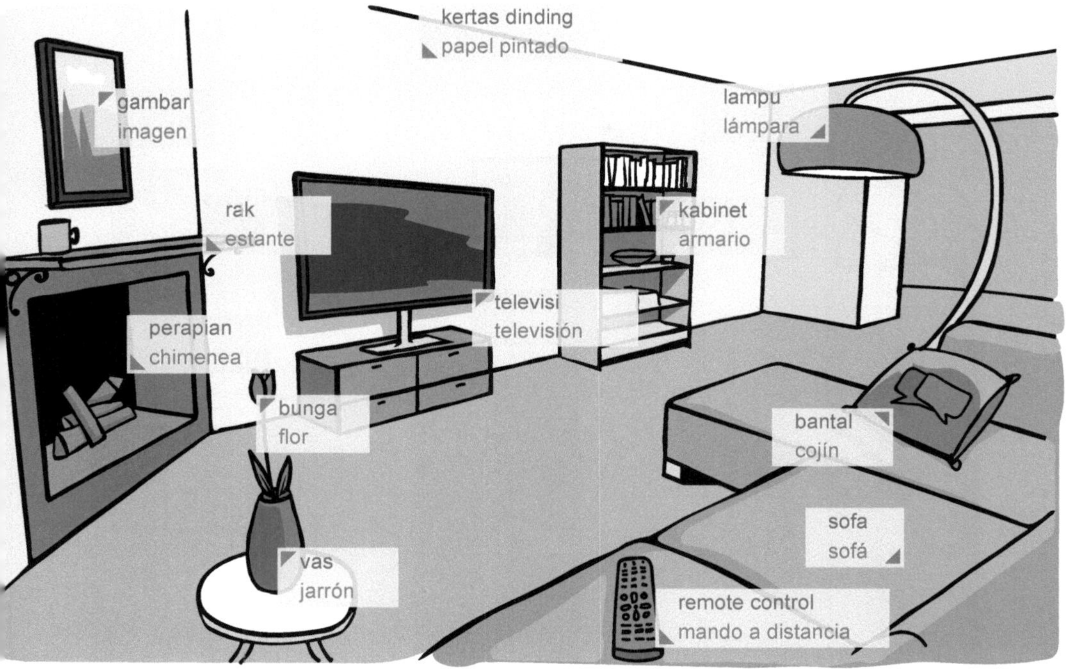

kertas dinding
papel pintado

gambar
imagen

lampu
lámpara

rak
estante

kabinet
armario

perapian
chimenea

televisi
televisión

bunga
flor

bantal
cojín

vas
jarrón

sofa
sofá

remote control
mando a distancia

karpet
alfombra

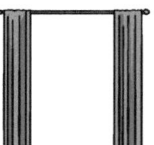

korden
cortina

meja
mesa

kursi
silla

kursi goyang
mecedora

kursi malas
butaca

buku

libro

selimut

manta

dekorasi

decoración

kayu bakar

leña

filem

película

hi-fi

equipo de música

kunci

llave

koran

periódico

lukisan

pintura

poster

póster

radio

radio

buku tulis

cuaderno

penyedot debu

aspiradora

kaktus

cactus

lilin

vela

dapur
cocina

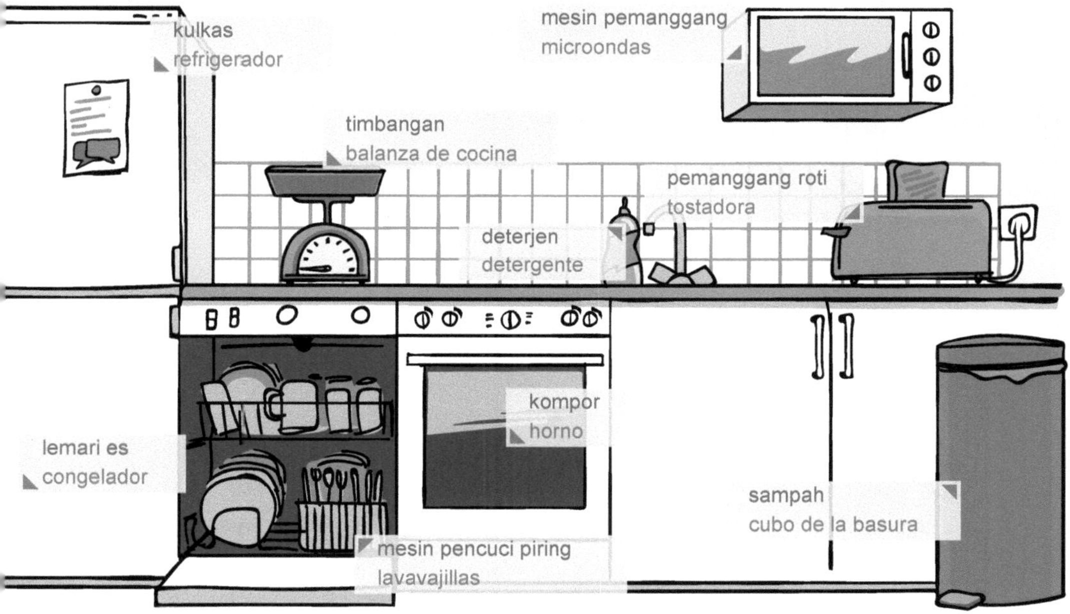
kulkas
refrigerador
mesin pemanggang
microondas
timbangan
balanza de cocina
pemanggang roti
tostadora
deterjen
detergente
kompor
horno
lemari es
congelador
sampah
cubo de la basura
mesin pencuci piring
lavavajillas

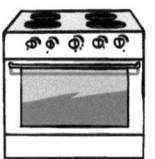

kompor

olla a presión

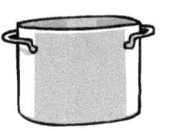

panci

olla

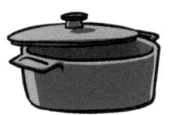

panci besi

olla de hierro fundido

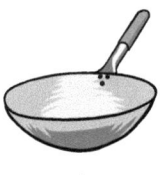

wajan

wok / karahi

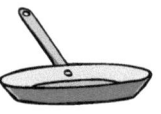

panci

cazuela

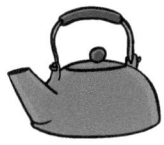

pemanas air

hervidor

panci pengukus makanan

vaporera

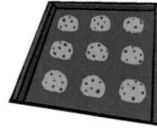

nampan

chapa de horno

piring

vajilla

cangkir

taza

mangkok

tazón

sumpit

palillos

sendok sup

cucharón

sudip

espumadera

mengocok

batidor

saringan

colador

saringan

cedazo

parutan

rallador

mortir

mortero

barbeque

barbacoa

api terbuka

hoguera

dapur - cocina

papan memotong

tabla de picar

gilingan

rodillo

alat pembuka botol

sacacorchos

kaleng

lata

pembuka kaleng

abrelatas

pegangan panci

agarrador

wastafel

lavabo

sikat

cepillo

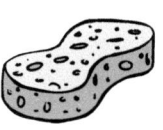

busa

esponja

mesin pencampur

batidora

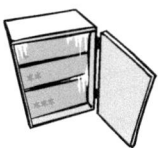

lemari es

congelador

botol bayi

biberón

keran

grifo

kamar mandi
cuarto de baño

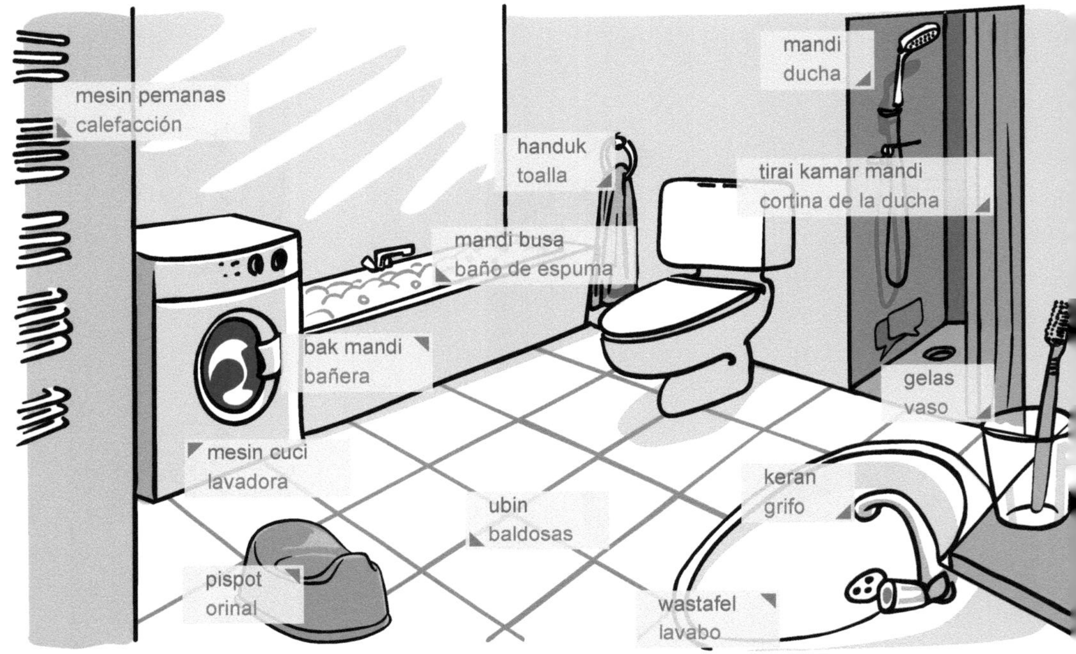

mesin pemanas
calefacción
handuk
toalla
mandi
ducha
tirai kamar mandi
cortina de la ducha
mandi busa
baño de espuma
bak mandi
bañera
gelas
vaso
mesin cuci
lavadora
keran
grifo
ubin
baldosas
pispot
orinal
wastafel
lavabo

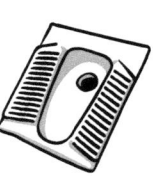

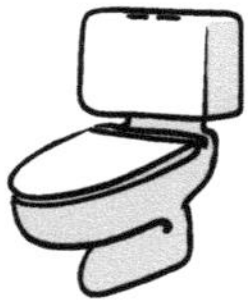
toilet
inodoro

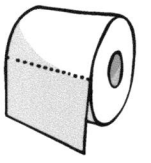

toilet jongkok
inodoro rústico

bidet
bidé

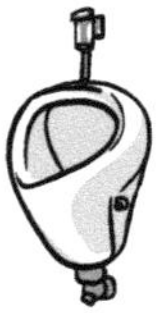
pissoir
urinario

kertas toilet
papel higiénico

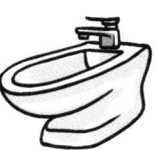

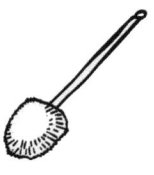

sikat toilet
escobilla del váter

sikat gigi
cepillo de dientes

pasta gigi
pasta de dientes

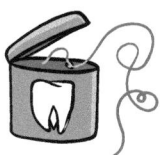

benang gigi
hilo dental

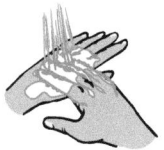

menyuci
lavar

pancuran tangan
ducha de mano

pancuran
ducha íntima

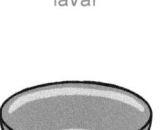

bak
pila

sikat punggung
cepillo de espalda

sabun
jabón

gel mandi
gel de ducha

sampo
champú

planel
toallita

kuras
desagüe

krim
crema

deodoran
desodorante

kaca

espejo

cermin tangan

espejo de tocador

pisau cukur

maquinilla de afeitar

busa cukur

espuma de afeitar

aftershave

loción postafeitado

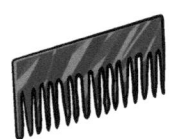

sisir

peine

sikat

cepillo

alat pengering rambut

secador

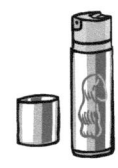

semprot rambut

laca

makeup

maquillaje

lipstik

pintalabios

cat kuku

pintauñas

kapas

algodón

gunting kuku

cortauñas

minyak wangi

perfume

kantong pencuci

estuche de viaje

bangku

banqueta

timbangan

balanza

mantel mandi

albornoz

sarung tangan karet

guantes de goma

tampon

tampón

handuk pembalut

compresa

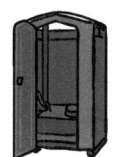

toilet kimia

inodoro químico

kamar anak

habitación de los niños

jam alarm
despertador
boneka tidur
peluche
mobil-mobilan
coche de juguete
kelintung
sonajero
rumah boneka
casa de muñecas
kado
regalo

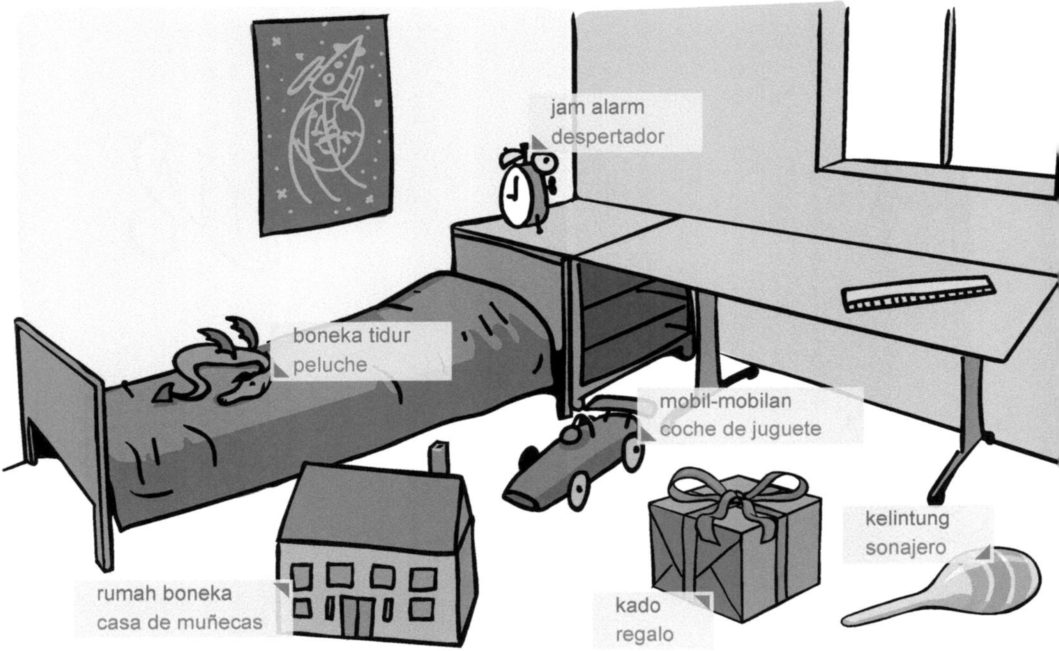

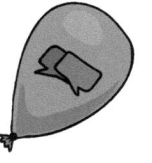

balon

globo

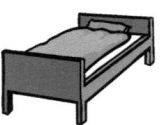

tempat tidur

cama

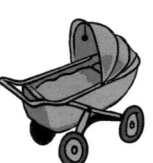

kereta bayi

coche de niño

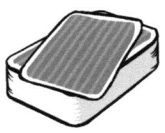

mainan kartu

naipes

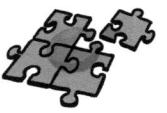

teka-teki

puzle

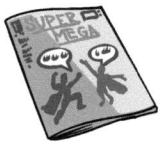

komik

tebeo

mainan lego

piezas de lego

blok mainan

bloques de juguete

figur aksi

figura de acción

baju monyet

bodi (de bebé)

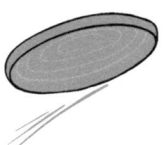

frisbee

frisbee

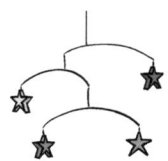

mobile

colgador móvil para bebés

permainan papan

juego de mesa

dadu

dados

set model kreta api

circuito de tren eléctrico

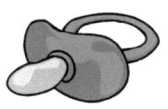

dot

maniquí

pesta

fiesta

buku gambar

álbum de fotos

bola

pelota

boneka

muñeca

bermain

jugar

tempat main pasir

cajón de arena

ayunan

columpio

mainan

juguetes

video game konsol

videoconsola

sepeda roda tiga

triciclo

teddy

oso de peluche

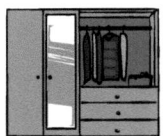

lemari pakaian

guardarropa

pakaian

ropa

kaos kaki

calcetines

kaos kaki

medias

baju ketat

leotardos

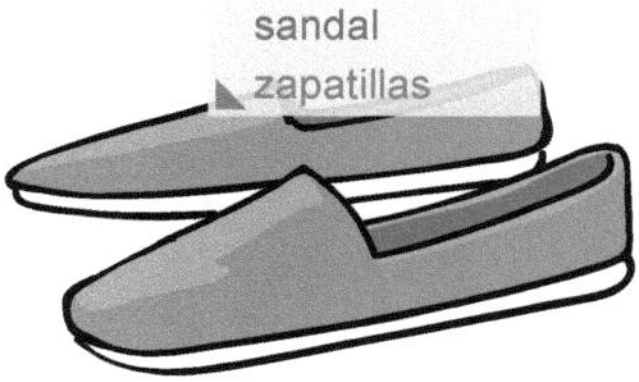

syal
bufanda

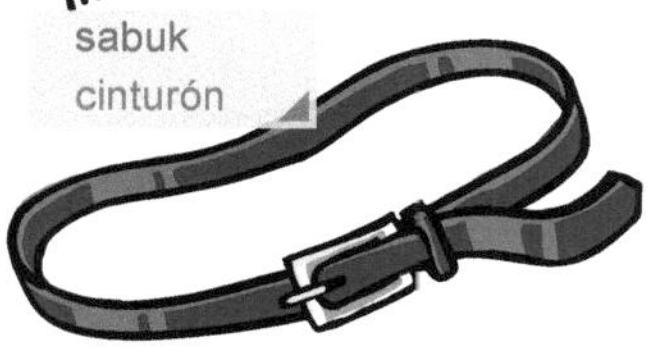

payung
paraguas

sabuk
cinturón

kaos
camiseta

sepatu bot
botas

sandal
zapatillas

sepatu
deportivas

sandal
sandalias

sepatu
zapatos

sepatu bot karet
botas de goma

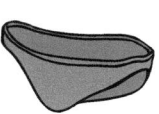

celana dalam
slip

BH
sostén

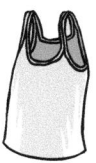

baju rompi
chaleco

body

bodi

celana

pantalones

jeans

vaqueros

rok

falda

blus

blusa

kemeja

camisa

aket berkerudung

jersey

sweater

suéter

jaket

blazer

jaket

chaqueta

mantel

abrigo

jas hujan

gabardina

kostum

traje

gaun

vestido

gaun pengantin

vestido de novia

setelan resmi

traje

gaun tidur

camisón

piyama

pijama

sari

sari

jilbab

bandana

turban

turbante

burka

burka

kaftan

caftán

abaya

abaya

pakaian renang

traje de baño

celana renang

bañador

celana pendek

pantalones cortos

olah raga

chándal

celemek

delantal

sarung tangan

guantes

kancing

botón

kacamata

gafas

gelang

brazalete

kalung

collar

cincin

anillo

anting

pendiente

topi

gorra

gantungan mantel

percha

topi

sombrero

dasi

corbata

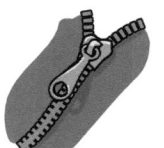

ritsleting

cremallera

helm

casco

tali selempang

tirantes

seragam sekolah

uniforme escolar

seragam

uniforme

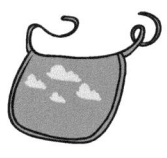

oto

babero

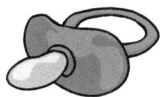

dot

maniquí

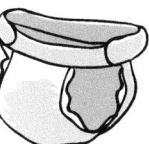

popok

pañal

kantor
oficina

server
servidor
lemari arsip
archivo
kertas
papel
pencetak
impresora
layar
monitor
mouse komputer
ratón
meja kerja
escritorio
tempat pengarsipan
carpeta
papan tombol
teclado
tempat sampah
papelera
kursi
silla
computer
ordenador

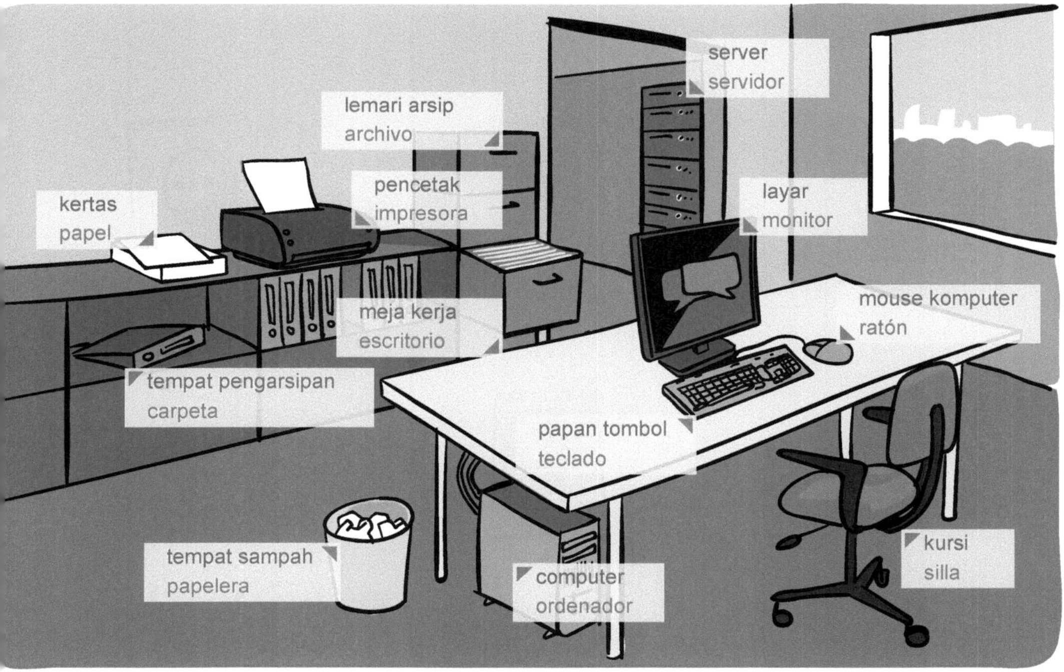

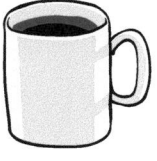

cangkir kopi

taza de café

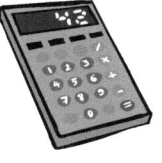

kalkulator

calculadora

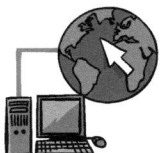

internet

internet

laptop

portátil

surat

carta

pesan

mensaje

telepon seluler

móvil

jaringan

red

fotokopi

fotocopiadora

software

software

telepon

teléfono

plug soket

toma de corriente

mesin fax

fax

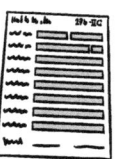

formulir

formulario

dokumen

documento

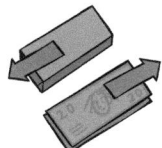

membeli

comprar

membayar

pagar

berdagang

comerciar

uang

dinero

Dollar

dólar

Euro

euro

Yen

yen

Rubel

rublo

Franc Swiss

franco suizo

Renminbi Yuan

renminbi yuan

Rupiah

rupia

ATM

cajero automático

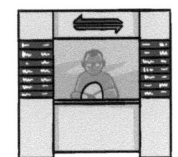

kantor pertukaran mata uang

oficina de cambio de divisas

emas

oro

perak

plata

minyak

petróleo

energi

energía

harga

precio

kontrak

contrato

pajak

impuesto

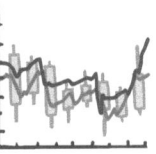

saham

acción

bekerja

trabajar

karyawan

empleado

majikan

empleador

pabrik

fábrica

toko

tienda

pekerjaan
oficios

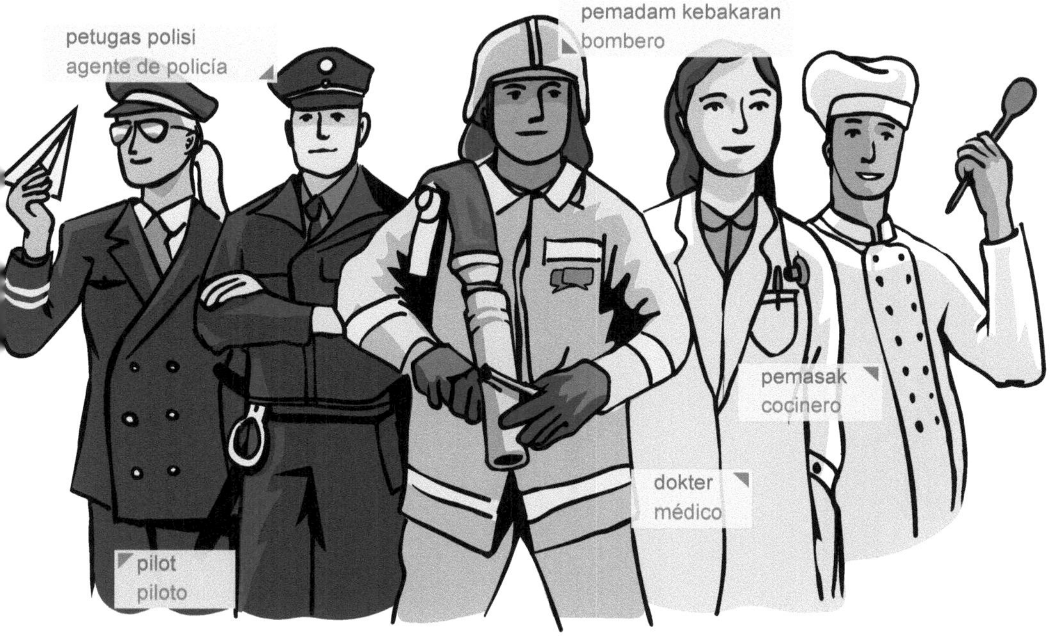
petugas polisi
agente de policía
pemadam kebakaran
bombero
pemasak
cocinero
dokter
médico
pilot
piloto

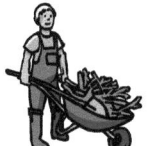

tukan kebun

jardinero

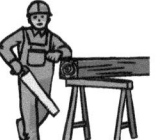

tukang kayu

carpintero

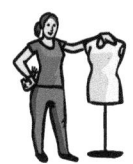

penjahit wanita

costurera

hakim

juez

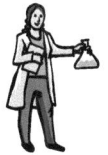

ahli kimia

farmacéutico

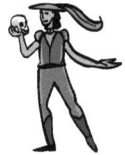

aktor

actor

sopir bis

conductor de autobús

sopir taksi

taxista

nelayan

pescador

pembantu

señora de la limpieza

tukang atap

techador

pelayan

camarero

pemburu

cazador

pelukis

pintor

tukang roti

panadero

tukang listrik

electricista

pembangun

obrero

insinyur

ingeniero

tukang daging

carnicero

tukang ledeng

fontanero

tukang pos

cartero

tentara

soldado

arsitek

arquitecto

kasir

cajero

penjual bunga

florista

penata rambut

peluquero

konduktor

revisor

montir

mecánico

kapten

capitán

dokter gigi

dentista

ilmuwan

científico

rabbi

rabino

imam

imán

biarawan

monje

pendeta

sacerdote

alat
herramientas

tang
alicates
palu
martillo
obeng
destornillador
obor
linterna
kunci
llave

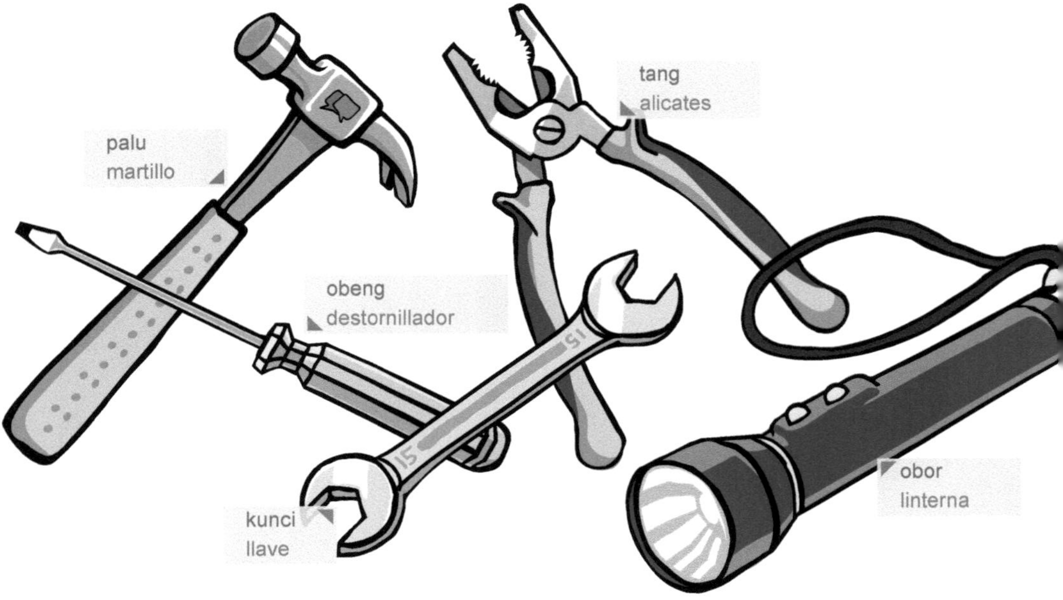

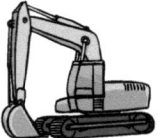

penggali
excavadora

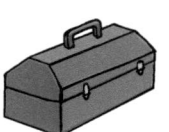

tas perkakas
caja de herramientas

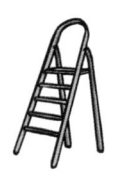

tangga
escalera de mano

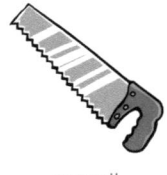

gergaji
sierra

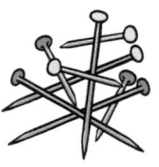

paku
clavos

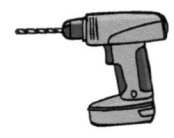

bor
taladro

perbaikan
reparar

sekop
pala

Sialan!
¡Maldita sea!

cikrak
recogedor

pot cat
bote de pintura

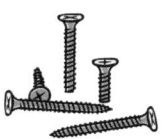

sekrup
tornillos

alat musik
instrumentos musicales

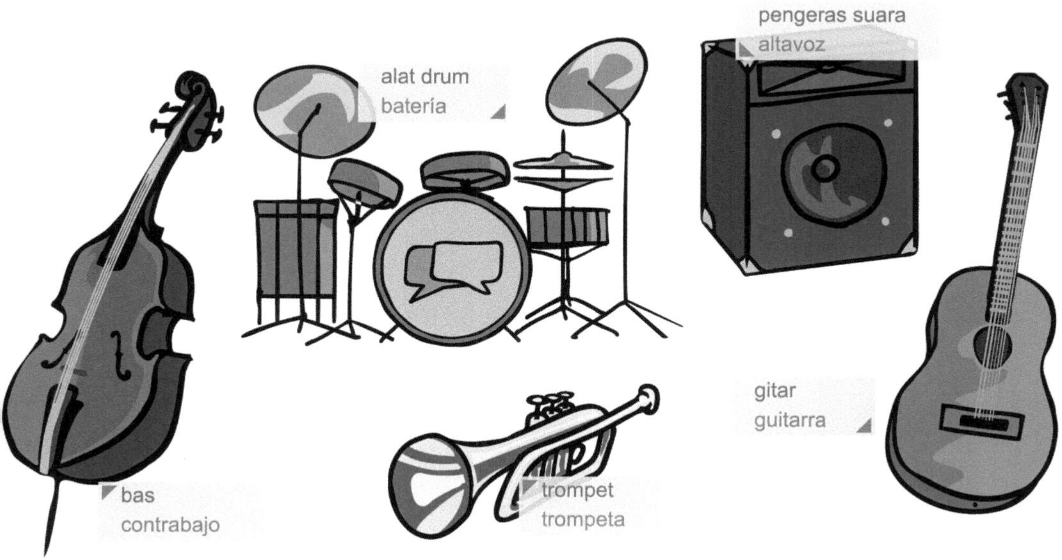

pengeras suara
altavoz

alat drum
batería

gitar
guitarra

bas
contrabajo

trompet
trompeta

piano
piano

violin
violín

bass
bajo

tambur
timbales

drum
tambor

keyboard
teclado

saksofon
saxofón

suling
flauta

mikrofon
micrófono

kebun binatang

zoo

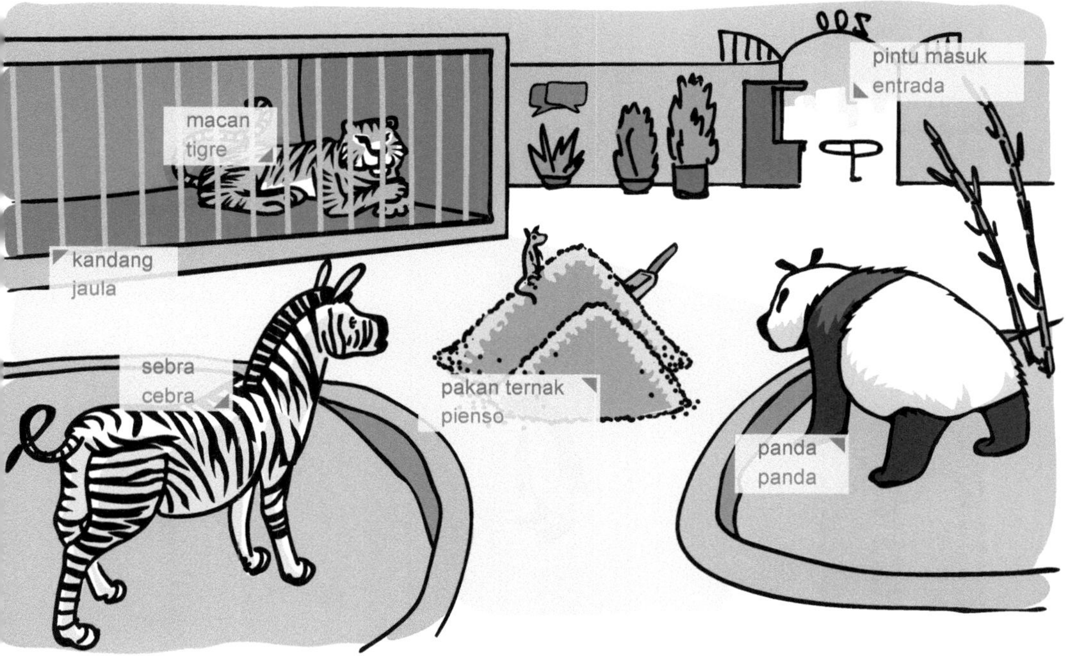

macan
tigre
pintu masuk
entrada
kandang
jaula
sebra
cebra
pakan ternak
pienso
panda
panda

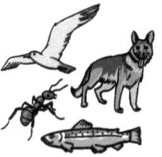

hewan

animales

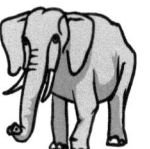

gajah

elefante

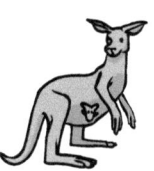

kanguru

canguro

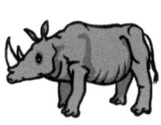

badak

rinoceronte

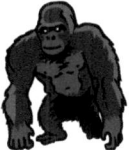

gorila

gorila

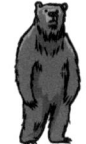

beruang

oso

unta

camello

burung unta

avestruz

singa

león

monyet

mono

flamingo

flamingo

burung beo

loro

beruang polar

oso polar

penguin

pingüino

hiu

tiburón

merak

pavo real

ular

serpiente

buaya

cocodrilo

penjaga kebun binatang

guardián de zoológico

segel

foca

jaguar

jaguar

kuda poni

poni

macan tutul

leopardo

kuda nil

hipopótamo

jerapah

jirafa

burung elang

águila

babi jantan

jabalí

ikan

pescado

kura-kura

tortuga

anjing laut

morsa

rubah

zorro

kijang

gacela

american football
fútbol americano

naik sepeda
ciclismo

tennis
tenis

basketbal
baloncesto

bernang
natación

hoki es
hockey sobre hielo

tinju
boxeo

sepak bola

fútbol

badminton

bádminton

atletik

atletismo

bola tangan

balonmano

main ski

esquí

polo

polo

aktivitas
actividades

meloncat
saltar
memeluk
abrazar
ketawa
reír
berjalan
caminar
menyanyi
cantar
mengimpi
soñar
berdoa
rezar
mencium
besar

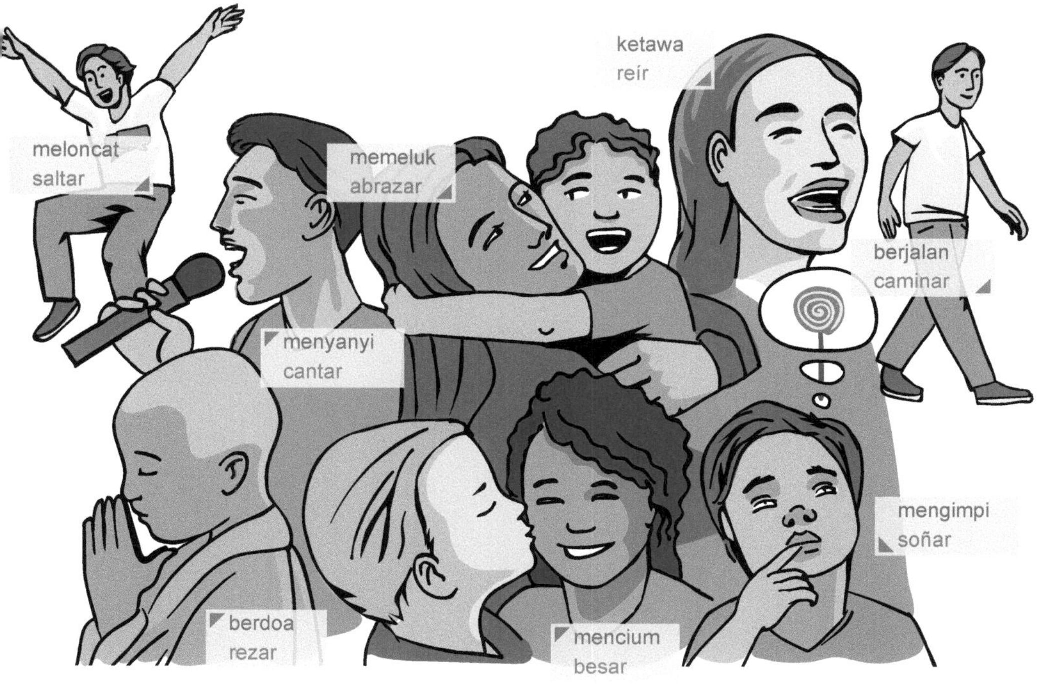

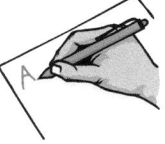

menulis

escribir

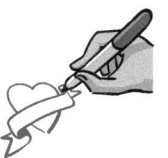

melukis

dibujar

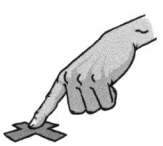

menunjuk

mostrar

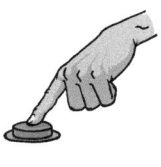

mendorong

empujar

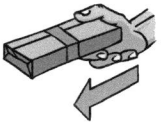

memberikan

dar

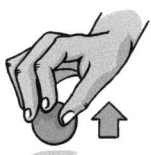

mengambil

tomar

mempunyai

tener

melakukan

hacer

adalah

ser

berdiri

estar de pie

berlari

correr

menarik

tirar

melempar

tirar

jatuh

caer

tidur

yacer

menunggu

esperar

membawa

llevar

duduk

estar sentado

berpakaian

vestirse

tidur

dormir

bangun

despertar

melihat

mirar

menangis

llorar

mengelus

acariciar

menyisir

peinar

berbicara

hablar

mengerti

entender

menanyak

preguntar

mendengar

escuchar

minum

beber

makan

comer

merapikan

ordenar

cinta

amar

memasak

cocinar

menyetir

conducir

terbang

volar

aktivitas - actividades

berlayar

navegar

menghitung

calcular

membaca

leer

belajar

aprender

bekerja

trabajar

menikah

casarse

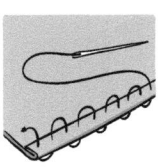

menjahit

coser

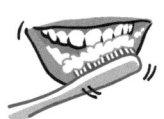

sikat gigi

cepillarse los dientes

membunuh

matar

merokok

fumar

kirim

enviar

aktivitas - actividades

nenek
abuela

kakek
abuelo

bapak
padre

ibu
madre

bayi
bebé

putri
hija

putra
hijo

tamu

invitado

bibi

tía

paman

tío

kakak laki

hermano

kakak perempuan

hermana

badan

cuerpo

dahi
frente
mata
ojo
bahu
hombro
jari
dedo
muka
cara
dagu
barbilla
tangan
mano
kaki
pierna
payudara
pecho
lengan
brazo

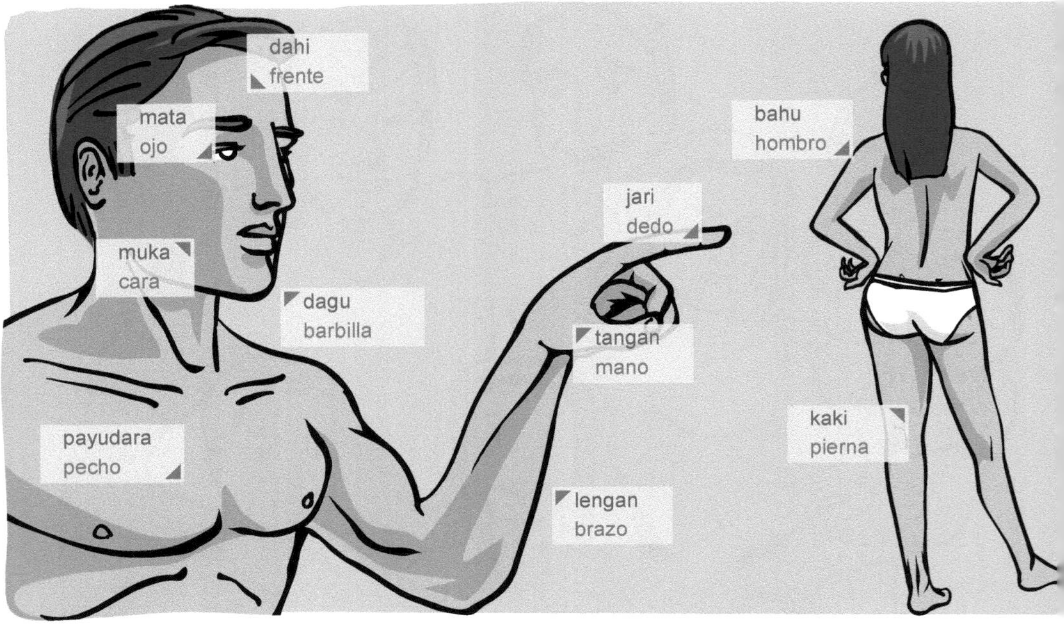

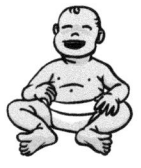

bayi
bebé

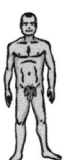

pria
hombre

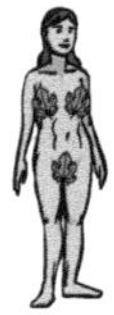

wanita
mujer

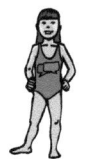

perempuan
chica

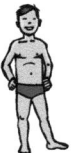

laki
chico

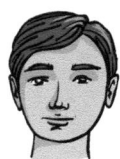

kepala
cabeza

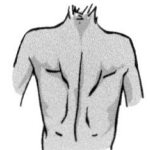

punggung

espalda

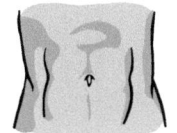

perut

vientre

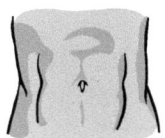

pusar

ombligo

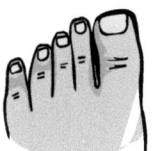

toe

dedo del pie

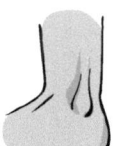

tumit

talón

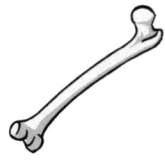

tulang

hueso

pinggang

cadera

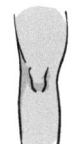

lutut

rodilla

siku

codo

hidung

nariz

pantat

trasero

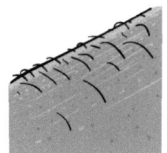

kulit

piel

pipi

mejilla

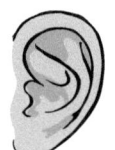

telinga

oído

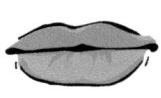

bibir

labio

badan - cuerpo

mulut

boca

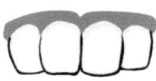

gigi

diente

lidah

lengua

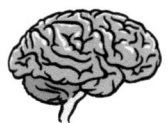

otak

cerebro

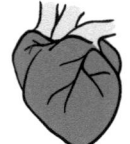

jantung

corazón

otot

músculo

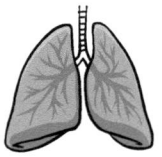

paru-paru

pulmón

hati

hígado

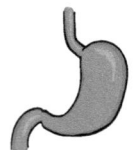

stomach

estómago

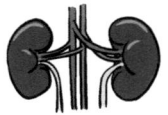

ginjal

riñones

hubungan seks

sexo

kondom

condón

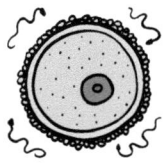

sel telur

ovario

sperma

semen

kehamilan

embarazo

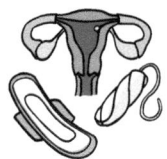

menstruasi

menstruación

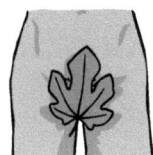

vagina

vagina

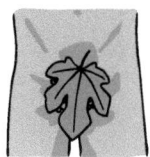

penis

pene

alis

ceja

rambut

pelo

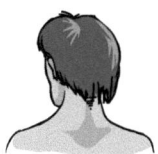

leher

cuello

rumah sakit
hospital

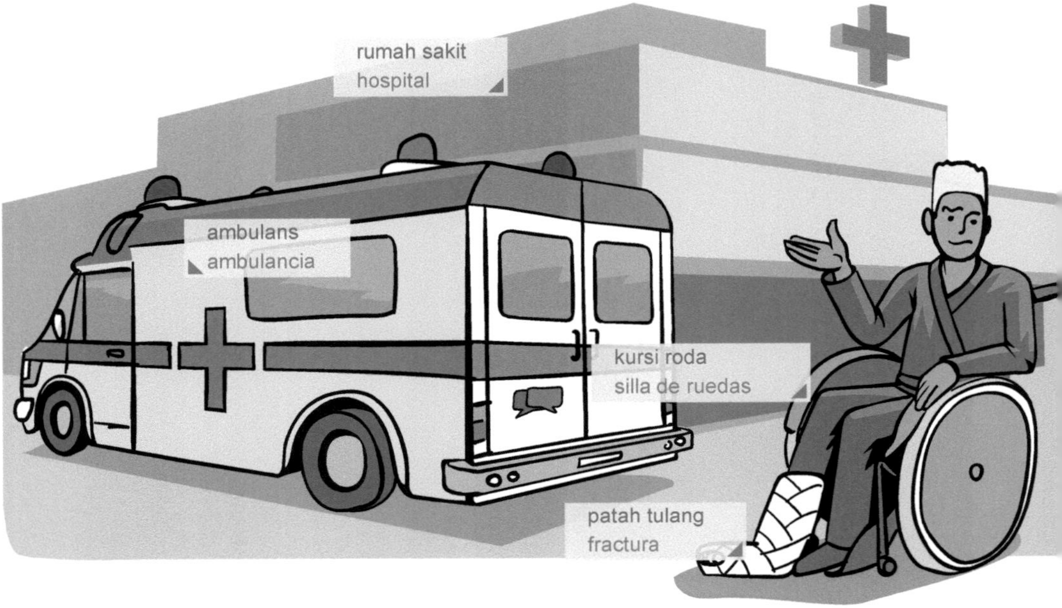

rumah sakit
hospital
ambulans
ambulancia
kursi roda
silla de ruedas
patah tulang
fractura

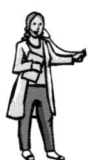

dokter
médico

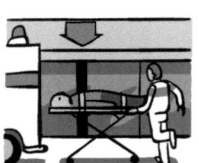

ruang darurat
sala de urgencias

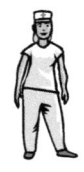

perawat
enfermera

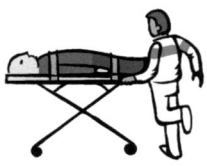

darurat
urgencia

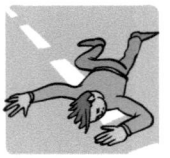

semaput
inconsciente

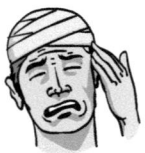

sakit
dolor

cedera

lesión

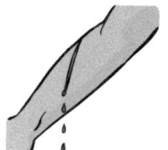

perdarahan

hemorragia

serangan jantung

infarto

stroke

ictus

alergi

alergia

batuk

tos

demam

fiebre

flu

gripe

diare

diarrea

sakit kepala

dolor de cabeza

kanker

cáncer

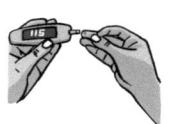

diabetes

diabetes

ahli bedah

cirujano

pisau bedah

bisturí

operasi

operación

CT
TAC

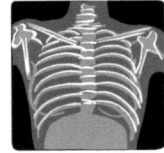

sinar x
rayos x

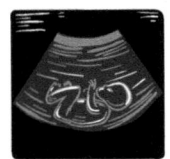

usg
ultrasonido

topeng
mascarilla

penyakit
enfermedad

ruang tunggu
sala de espera

penyokong
muleta

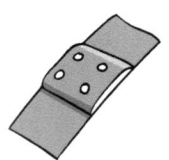

plester
tirita

perban
venda

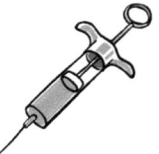

injeksi
inyección

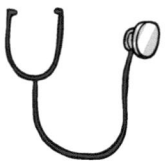

stetoskop
estetoscopio

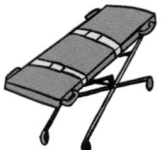

usungan
camilla

termometer klinis
termómetro

kelahiran
nacimiento

kelebihan berat badan
sobrepeso

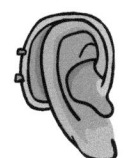

alat pendengar
audífono

desinfektan
desinfectante

infeksi
infección

virus
virus

HIV / AIDS
VIH / SIDA

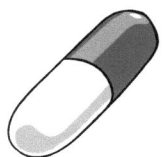

obat
medicina

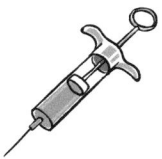

vaksinasi
vacunación

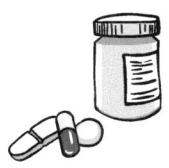

tablet
tabletas

pil
pastilla

panggilan darurat
llamada de urgencia

ukur tekanan darah
tensiómetro

sakit / sehat
enfermo / sano

Tolong!

¡Socorro!

alarm

alarma

penyerbuan

asalto

serangan

ataque

bahaya

peligro

pintu darurat

salida de emergencia

Api!

¡Fuego!

alat pemadam kebakaran

extintor de incendios

kecelakaan

accidente

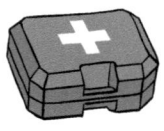

kit pertolongan pertama

botiquín de primeros
auxilios

SOS

SOS

polisi

policía

Eropa

Europa

Amerika Utara

Norteamérica

Amerika Selatan

Sudamérica

Afrika

África

Asia

Asia

Australi

Australia

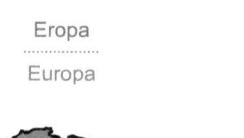

Atlantik

Atlántico

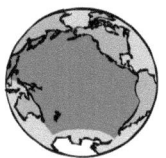

Pasifik

Pacífico

Samudra India

Océano Índico

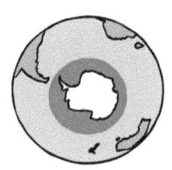

Samudra Antartika

Océano Antártico

Samudra Arktik

Océano Ártico

kutub utara

polo norte

kutub selatan
....
polo sur

Antarktika
....
Antártida

bumi
....
tierra

tanah
....
tierra

laut
....
mar

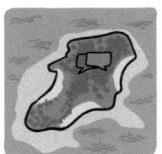

pulau
....
isla

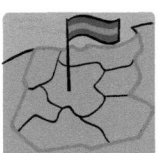

bangsa
....
nación

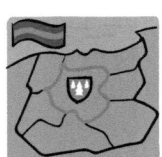

negara
....
estado

jam wajah

esfera

jarum pendek

manecilla de las horas

jarum menit

minutero

jarum detik

segundero

Jam berapa?

¿Qué hora es?

hari

día

waktu

tiempo

sekarang

ahora

jam digital

reloj digital

menit

minuto

jam

hora

minggu

semana

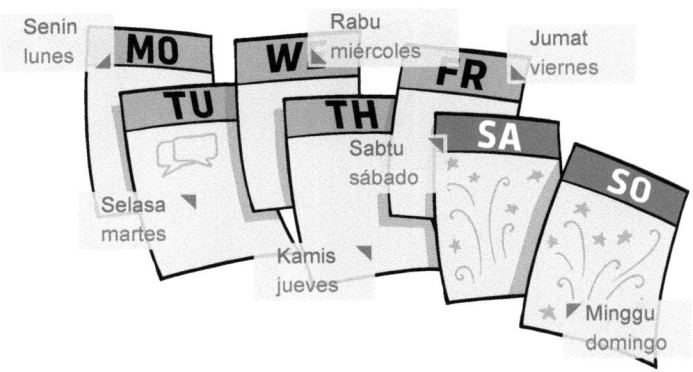

Senin
lunes

Rabu
miércoles

Jumat
viernes

Selasa
martes

Sabtu
sábado

Kamis
jueves

Minggu
domingo

kemaren

ayer

hari ini

hoy

besok

mañana

pagi

mañana

siang

mediodía

malam

tarde

MO	TU	WE	TH	FR	SA	SU
1	2	3	4	5	6	7
8	9	10	11	12	13	14
15	16	17	18	19	20	21
22	23	24	25	26	27	28
29	30	31	1	2	3	4

hari kerja

días laborables

MO	TU	WE	TH	FR	SA	SU
1	2	3	4	5	6	7
8	9	10	11	12	13	14
15	16	17	18	19	20	21
22	23	24	25	26	27	28
29	30	31	1	2	3	4

akhir minggu

fin de semana

tahun
año

hujan
lluvia
pelangi
arcoíris
salju
nieve
angin
viento
musim semi
primavera
musim gugur
otoño
musim panas
verano
musim dingin
invierno

4.APRIL 11°
5.APRIL 4°
6.APRIL 13°
7.APRIL 8°
8.APRIL 10°

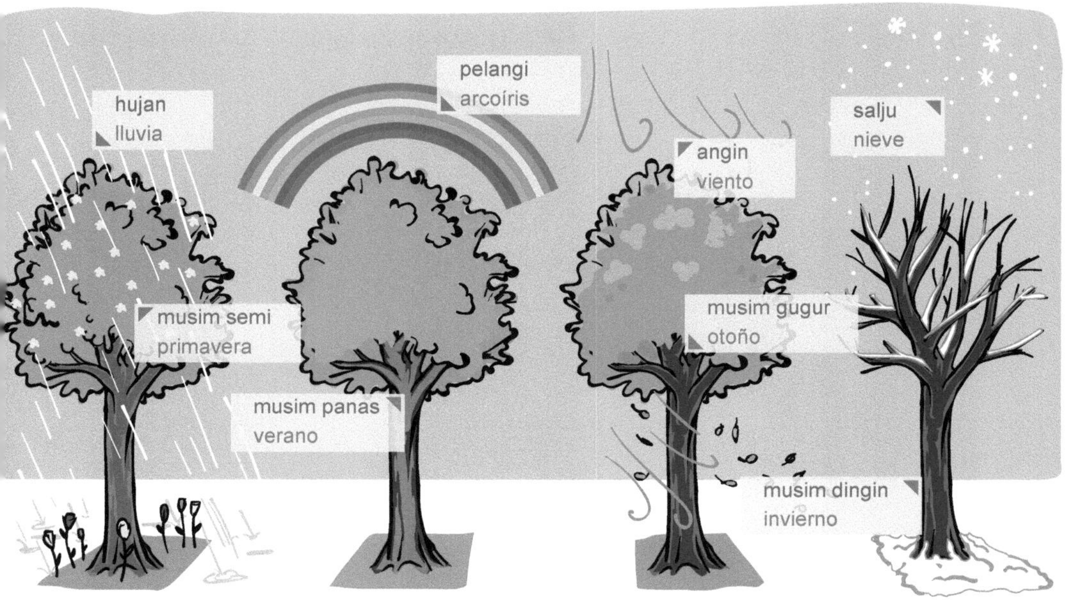

ramalan cuaca

pronóstico del tiempo

F
C

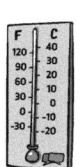

termometer

termómetro

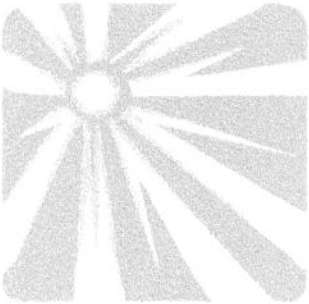

matahari

sol

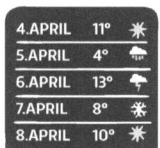

awan

nube

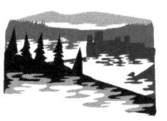

kabut

niebla

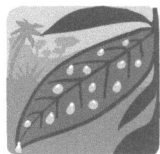

kelembahan

humedad

kilat

rayo

guntur

trueno

badai

tormenta

hujan es

granizo

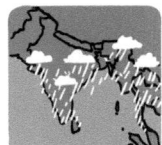

monsun

monzón

banjir

inundación

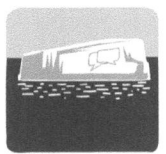

es

hielo

Januari

enero

Februari

febrero

Maret

marzo

April

abril

Mei

mayo

Juni

junio

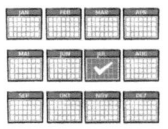

Juli

julio

Agustus

agosto

September
....
septiembre

Oktober
....
octubre

November
....
noviembre

Desember
....
diciembre

bentuk
formas

lingkaran
....
círculo

persegi
....
cuadrado

persegi panjang
....
rectángulo

segi tiga
....
triángulo

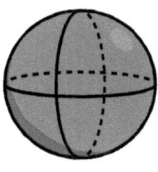

bola
....
esfera

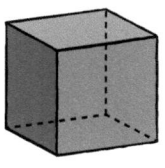

kubus
....
cubo

putih

blanco

kuning

amarillo

oranye

anaranjado

pink

rosa

merah

rojo

ungu

morado

biru

azul

hijau

verde

coklat

marrón

abu-abu

gris

hitam

negro

banyak / sedikit

mucho / poco

marah / tenang

enojado / tranquilo

cantik / jelek

bonito / feo

mulaih / selesai

principio / fin

besar / kecil

grande / pequeño

terang / gelap

claro / oscuro

saudara laki-laki / saudara perempuan

hermano / hermana

bersih / kotor

limpio / sucio

lengkap / tidak lengkap

completo / incompleto

hari / malam

día / noche

mati / hidup

muerto / vivo

luas / sempit

ancho / estrecho

dapat dimakan / tidak dapat dimakan

comestible / no comestible

jahat / baik

malo / amable

bersemangat / bosan

entusiasmado / aburrido

gemuk / kurus

gordo / delgado

pertama / terakhir

primero / último

teman / musuh

amigo / enemigo

penuh / kosong

lleno / vacío

keras / lembut

duro / blando

berat / enteng

pesado / ligero

lapar / haus

hambre / sed

sakit / sehat

enfermo / sano

ilegal / legal

ilegal / legal

cerdas / bodoh

inteligente / tonto

kiri / kanan

izquierda / derecha

dekat / jauh

cerca / lejos

baru / bekas

nuevo / usado

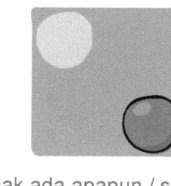

tidak ada apapun / sesuatu

nada / algo

tua / muda

viejo / joven

nyala / mati

encendido / apagado

buka / tutup

abierto / cerrado

tenang / keras

silencioso / ruidoso

kaya / miskin

rico / pobre

benar / salah

correcto / incorrecto

kasar / halus

áspero / suave

sedih / gembira

triste / contento

pendek / panjang

corto / largo

pelan-pelan / cepat

lento / rápido

basah / kering

húmedo / seco

hangat / sejuk

cálido / frío

perang / damai

guerra / paz

0

nol

cero

1

satu

uno

2

dua

dos

3

tiga

tres

4

empat

cuatro

5

lima

cinco

6

enam

seis

7

tujuh

siete

8

delapan

ocho

9

sembilan

nueve

10

sepuluh

diez

11

sebelas

once

12

duabelas

doce

13

tigabelas

trece

14

empatbelas

catorce

15

limabelas

quince

16

enambelas

dieciséis

17

tujuhbelas

diecisiete

18

delapanbelas

dieciocho

19

sembilanbelas

diecinueve

20

duapuluh

veinte

100

seratus

cien

1.000

seribu

mil

1.000.000

juta

millón

Inggris

inglés

bahasa Inggris Amerika

inglés americano

bahasa Cina Mandarin

chino mandarín

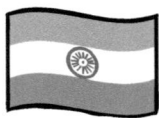

bahasa Hindi

hindi

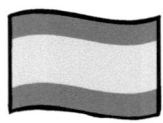

bahasa Spanyol

español

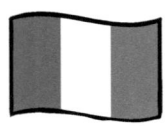

bahasa Perancis

francés

bahasa Arab

árabe

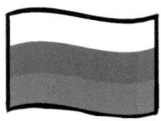

bahasa Rusia

ruso

bahasa Portugis

portugués

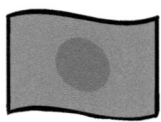

bahasa Bengal

bengalí

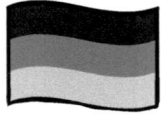

bahasa Jerman

alemán

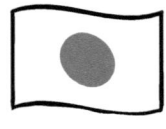

bahasa Jepang

japonés

saya

yo

kamu

tú

dia

él / ella / ello

kita

nosotros/as

kalian

vosotros/as

mereka

ellos/as

siapa?

¿quién?

apa?

¿qué?

begaimana?

¿cómo?

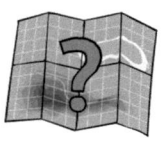

dimana?

¿dónde?

kapan?

¿cuándo?

nama

nombre

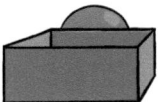

dibelakang

detrás

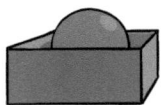

di

en

didepan

delante de

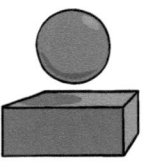

diatas

por encima de

diatas

sobre

dibawah

debajo de

sebelah

junto a

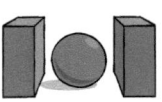

di antara

entre

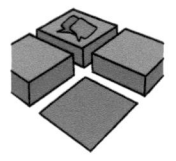

tempat

lugar